VENTE A PARIS
Le Mardi 14 Février 1911
HOTEL DROUOT, SALLE N° 8

COLLECTION P. F.

Monnaies Antiques

GRECQUES ET ROMAINES

MONNAIES FRANÇAISES

ET ÉTRANGÈRES

COMMISSAIRE-PRISEUR :
Me ÉMILE BOUDIN
11, RUE DE LA GRANGE-BATELIÈRE

EXPERT :
M. ÉTIENNE BOURGEY
7, RUE DROUOT, 7

PARIS

ADRESSE TÉLÉGR. ÉTIENBOURG-PARIS

Monnaies Antiques

GRECQUES ET ROMAINES

MONNAIES FRANCAISES

ET ÉTRANGÈRES

VENTE AUX ENCHÈRES PUBLIQUES

A PARIS, HÔTEL DES COMMISSAIRES-PRISEURS, RUE DROUOT, 9

SALLE N° 8, AU PREMIER ÉTAGE

Le Mardi 14 Février 1911

A DEUX HEURES PRÉCISES

EXPOSITION PUBLIQUE UNE HEURE AVANT LA VENTE

COMMISSAIRE-PRISEUR :

Mᵉ Emile BOUDIN

14, Rue de la Grange-Batelière

EXPERT :

M. Etienne BOURGEY

7, rue Drouot, 7

PARIS

ADRESSE TÉLÉGR: ÉTIENBOURG-PARIS

Exposition particulière :

Les 8, 9, 10, 11 et 13 Février 1911, chez M. Étienne Bourgey, expert, 7, rue Drouot. (Téléphone 274-64).

Exposition publique :

Le Mardi 15 Février 1911, Hôtel des Ventes, Salle 8, une heure avant la vente.

———

La vente aura lieu au comptant.

Les acquéreurs paieront dix pour cent en sus des enchères.

L'authenticité des pièces est garantie.

M. Étienne Bourgey, 7, rue Drouot, se charge d'exécuter les commissions qui lui seront confiées.

L'ordre du catalogue sera suivi. L'expert se réserve le droit de diviser ou de réunir les lots.

———

MONNAIES ANTIQUES

1 **Espagne**. *Belsinum*. Cavalier armé d'une épée (Heiss. XX. 1). Arg. 4 p. — Même type (XX. 6). MB. 5 p. — Ens. 9 p. B. et TB.

2 *Aregrat*. Cavalier armé d'une lance (XXXI. 1 et 2). Arg. 4 p. TB.

3 Même type (XXXI. 5 et 7). MB. 4 p. TB.

4 **Gaule**. *Massilia*. Drachmes, 2 p. et obole. Arg. *Nemausus*. Auguste et Agrippa. MB. 2 p. *Catalauni* (LT. XXXII. 8124). 7 p. — 8145. 2 p. Pot. *Arenio*. Buste de cheval à dr. Arg. — Ens. 15 p. B.

5 *Sequani*. Togirix (XVI. 5629). Pot. — Ens. 9 p.

6 *Arverni*. Tête à dr. ℞. Bige à dr. (Imitation des types de Philippe II). Quart de statère. Or. TB.

7 *Andecavi*. Tête d'Ogmios à dr. avec cordons perlés. ℞. Cheval androcéphale à dr. conduit par un aurige; dessous, un génie à mi-corps (XXI. 6728). Statère. Bas électrum. TB.

8 *Morini*. Uniface. ℞. Cheval disloqué à dr.; dessous, globule et croissant (XXXV. 8704 var.). Statère. Or. TB.

9 *Nervii*. Tête disloquée dite à l'epsilon. ℞. Cheval belge à dr.; au-dessus, une roue (XXXV. 8755). Statère. Or. B.

10 *Treviri*. Œil de profil à dr. ℞. Cheval galopant à g.; au-dessus, ornement en forme de cœur; dessous, cercles concentriques (8800). Statère. Or. TB.

11 *Mediomatrici*. Tête d'Apollon à dr. ℞. Pégase à dr.; à l'exergue, points simulant une légende (8956). Quart de statère. Or. TB.

12 *Helvetii*. Tête laurée à dr. ℞. Bige à dr.; dessous, une fleur; à l'exergue, pseudo-légende (XXXVIII. 9304). Quart de statère. Or. TB.

13 **Latium**. *Sabini*. Foudre et quatre globules. ℞. Dauphin à dr. et quatre globules. Triens libral. Br. 46^m. B.

13 *bis*. **Samnium**. *Guerre Sociale*. Lég. osque. Tête imberbe casquée à g. ℞. ⟩ΙΠΝΝΠ⟩ Deux chefs prêtant serment sur la truie. Denier. Arg. TB.

14 Tête laurée de femme à g. ℞. Huit chefs prêtant serment. — Buste de Vulcain à dr. ℞. Bige. Arg. — Ens. 2 p. B. et TB.

15 *Aesernia*. Tête de Vulcain. — Tête d'Apollon. Br. *Aquilonia*. Guerrier. Br. **Campanie**. *Alliba*. Tête d'Apollon. ℞. Scylla. Litra. 4 p. *Neapolis*. Tête d'Athéna à dr. ℞. Taureau androcéphale. Didr. Arg. — Ens. 8 p.

16 Tête de Parthénope à dr. entourée de dauphins. ℞. ΝΕΟΠΟΛΙΤ. Taureau androcéphale à dr. couronné par Niké. Didr. Arg. TB.

17 *Nola*. Tête diadémée de femme à dr. ℞. ΝΩΛΑΙΟ. Taureau androcéphale à g., couronné par Niké. Didr. Arg. TB.

Voyez planche 1.

18 *Nuceria Alfaterna*. Tête imberbe à g., avec une corne de bélier. ℞. Dioscure nu, tenant son cheval par la bride. Didr. Arg. 2 p. B. et AB.

19 **Apulie**. *Arpi*. Sanglier. — Cheval. ℞. Taureau. *Caelia*. Trophée. Br. *Canusium*. Diota. ℞. Lyre. Oboles. Arg. 2 p. — Cavalier. Br. *Luceria*. Br. 6 p. variées. *Rubi*. Aigle. *Teate*. Chouette. Br. — Ens. 14 p. B.

20 **Calabre**. *Tarente*. ΤΑΡΑΣ. Hippocampe à dr.; dessous, une coquille. ℞. ΤΑϞΑΣ. Taras à dr. sur le dauphin. Didr. archaïque Arg. TB.

21 Taras à g. tenant un casque, entre deux étoiles. ℞. Éphèbe couronnant son cheval. — Taras tenant Niké et un trident. ℞. Cavalier au galop, couronné par Niké. Didr. Arg. 2 p. B. et TB.

22 **Lucanie**. *Métaponte*. ΑΤ϶Μ. Epi. ℞. Epi en creux. Statere. *Posidonia*. Poseidon combattant. ℞. Taureau. Statere et divisions. Arg. 6 p. et Br. 2 p. *Paestum*. Dauphin. Quadrans. Br. — Ens. 10 p.

23 *Sybaris*. ΥΜ. Taureau retournant la tête debout à g. sur une base perlée. ℞. Incus. Statere. Arg. B.

24 *Thurium*. Tête d'Athéna à dr. ℞. ΘΟΥΡΙΩΝ. Taureau à dr. Tétradr. B.

25 Divisions. Arg. 3 p. *Velia*. Tête d'Athéna à g. ℞. Lion à g. Didr. — Chouette. Drachme. Arg. — Ens. 5 p.

26 **Bruttium.** *Les Bruttiens.* Buste de Niké diptère à dr. ℟. **BPETTIΩN.** Divinité fluviale se couronnant. Drachme. Arg. TB.

27 Tête voilée de Héra à dr. ℟. **BPETTIΩN.** Poséidon à g., le pied sur un rocher; devant lui, un aigle. Drachme. Arg. TB.

28 *Crotone.* Trépied. ℟. Même type incus. Statères variés, 5 p. Aigle au repos sur un foudre. ℟. Trépied. Didr. Arg. — Ens. 6 p. AB.

29 Tête laurée d'Apollon à dr. ℟. **KPO.** Trépied. Didr. Arg. 2 p. B.

30 *Locri Epizephyrii.* Aigle à g. déchirant un lièvre. ℟. **ΛΟΚΡΩΝ.** Foudre. Didr. Arg. B.

31 *Rhegium.* Scalp de lion. ℟. **ΝΟΙϽƎЯ.** Tête de veau à g. avec le cou. Drachme. Arg. TB.

32 Aurige conduisant une mule à dr. ℟. **ЯECIΟN.** Lièvre à dr. Tétradr. Arg. — Tête d'Artémis. ℟. Lyre. Br. *Terina.* Tête de nymphe. ℟. Niké assise à g. Diobole. Arg. — Ens. 3 p. B.

33 **Sicile.** *Agrigente.* Aigle debout à dr. ℟. Crabe. Statère. — Aigle à g. Statère. Arg. 2 p. — Bronze. 1 p. *Assorus.* Tête d'Apollon. Br. — Ens. 4 p.

34 *Géla.* **CEΛAΣ.** Protomé de taureau androcéphale à dr. ℟. Femme dans un quadrige au pas à dr. Tétradr. Arg. B.

35 Même droit. Cavalier au galop à dr. Didr. Arg. 3 variétés. — Tête imberbe du fleuve Gélas. ℟. Guerrier sacrifiant un bélier. Br. — Ens. 4 p. B. et TB.

36 *Heraclea Minoa.* Tête de Déméter à dr. entourée de 3 dauphins. ℟. Lég. punique. Quadrige à g., l'aurige couronné par Niké. Tétradr. Arg. TB.

37 *Himera.* Tête barbue à dr. ℟. Casque corinthien. Obole. *Leontini.* Tête d'Apollon à g. ℟. **LEON.** Tête de lion à g.; devant, 3 grains d'orge. Drachme. *Naxos.* Tête de Dionysos à g. ℟. Grappe. Obole. Arg. — Ens. 3 p. B.

38 *Messana.* **MEΣΣANION.** Lièvre courant à dr.; dessous, une mouche. ℟. Bige de mules à dr. Tétradr. Arg. TB.

39 *Segeste.* Tête de Ségesta à dr. ℟. **ATƧƎ⅂ƎƧ.** Chien quêtant à dr. Didr. Arg. 2 p., une B.

40 *Syracuse.* Tête de Niké à dr. entre 4 dauphins. ℟. Quadrige à dr., les chevaux couronnés par Niké. Tétradr. — Même droit. ℟. Cavalier à dr. Didr. Arg. — Ens. 2 p.

41 Didr. au type corinthien. — Tête de Kyané à dr. ℟. Poulpe. Litron. — Hiéron II. Drachme. — Agathocle. Br. — Ens. 4 p. B.

42 **ΚΟΡΑΣ**. Tête de Coré à dr. ℞. **ΑΓΑΘοΚΛΕοΣ**. Niké fixant un casque sur le haut d'un trophée; dans le champ, triquètra. Arg. Tétradr. de style africain. AB.

43 Tête voilée de Philistis à g.; derrière, une torche. ℞. **ΒΑΣΙΛΙΣΣΑΣ ΦΙΛΙΣΤΙΔΟΣ**. Niké dans un quadrige au galop à dr.; au-dessus, un croissant; au bas, un épi. 10 litra. Arg. TB.

44 Tête diadémée d'Hiéronyme à g. ℞. **ΒΑΣΙΛΕΟΣ ΙΕΡΩΝΥΜΟΥ**. Foudre; au-dessus, **ΚΙ**. 10 litra. Arg. TB.

Voyez planche I.

45 **Taurique**. *Panticapée*. Tête de Pan à g. GB. **Sarmatie**. *Olba*. 3 Br. variés. **Mœsie**. *Istrus*. Drachme. Arg. *Marcianopolis*. Macrin et Diaduménien. — Elagabale et Maesa. — Alexandre et Mamée. MB. 3 p. **Thrace**. *Chersonesus*. Protomé de lion. Arg. 5 p. Ens. 13 p.

46 *Thasos* Ile . Tête de Dionysos couronnée de lierre à dr. ℞. **ΗΡΑ-ΚΛΕΟΥΣ ΣΩΤΗΡΟΣ ΘΑΣΙΩΝ. Μ**. Héracles debout de face. Tétradr. Arg. TB.

47 La même pièce d'un autre style. Tétradr. Arg. TB.

48 *Lysimaque*. Tête diadémée et cornue d'Alexandre à dr. ℞. **ΒΑΣΙΛΕΩΣ ΛΥΣΙΜΑΧΟΥ**. Pallas nicéphore assise à g.; dessous, un trident. Statère. Or. TB.

Voyez planche I.

49 *Rhœmétalcès I et Auguste*. **ΒΑΣΙΛΕΩΣ ΡΟΙΜΗΤΑΛΚΟΥ**. Têtes accolées du roi et de la reine à dr. ℞. **ΚΑΙΣΑΡΟΣ ΣΕΒΑΣΤΟΥ**. Tête nue d'Auguste à dr. Br. TB.

50 **Macédoine**. *Philippe II*. Tête laurée d'Apollon à dr. ℞. **ΦΙΛΙΠΠΟΥ**. Bige à dr.; dessous un foudre. Statère. Or. TB.

Voyez planche I.

51 *Alexandre III*. Tête casquée de Pallas à dr. ℞. **ΑΛΕΞΑΝΔΡΟΥ**. Niké stéphanéphore debout à g. Statère. Or. B.

Voyez planche I.

52 *Philippe III*. Même tête de Pallas. ℞. **ΦΙΛΙΠΠΟΥ**. Même Niké; devant, monogr. et serpent. Statère. Or. B.

53 *Démétrius Poliorcète*. Sa tête diadémée. ℞. **ΒΑΣΙΛΕΩΣ ΔΗΜΗΤ-ΡΙΟΥ**. Poseidon debout à g. Tétradr. — Victoire de Samothrace. Hémidrachme. Trouée. *Antigone Gonatas*. Tête de Pan sur un bouclier. ℞. **ΒΑΣΙΛΕΩΣ ΑΝΤΙΓΟΝΟΥ**. Pallas combattant. Tétradr. Arg. Ens. 3 p.

54 *Macédoine Romaine*. Buste d'Artémis à dr. sur un bouclier. ℞. **ΜΑΚΕΔΟΝΩΜ ΠΡΩΤΗΣ**. Massue et monogr. dans une couronne de chêne. Tétradr. Arg. TB.

55 **MAKEΔONΩN**. Tête chevelue d'Alexandre à dr. ℞. **AESILLAS. Q.** Massue, coffret et siège dans une couronne. Tétradr. — Bouclier. ℞. Casque. Drachme. *Neapolis*. Gorgoneion. ℞. **NEOΠ.** Tête d'Aphrodité à dr. Drachme. Arg. — Ens. 3 p. B.

56 **Thessalie**. Tête de Zeus à dr. ℞. Pallas combattant à dr. Double victoriat. 2 p. *Lamia*. Tête de nymphe à g. ℞. Vase. Hémidr. **Acarnanie**. *Oeniadae*. Tête de Zeus. ℞. Tête d'Achéloüs. Br. — Ens. 4 p. TB.

57 *Anactorium*. Type corinthien. Didr. 2 p. *Leucas*. Didr. *Thyrrheium*. Didr. **Locri Opontii**. Arg. 4 p. et Br. **Béotie**. *Thèbes*. Arg. 2 p. et Br. *Thespiae*. Br. — Ens. 13 p.

58 **Attique**. *Athènes*. Tête casquée d'Athéna à dr. ℞. **AΘE**. Chouette de face. Tétradr. archaïsant. Arg. 2 p. TB.

59 Tête d'Athéna de Phidias à dr. ℞. **AΘE**. Chouette sur une amphore; dans le champ, Eros et les noms **APOΠOΣ** et **MNAΣAΓO**, le tout dans une couronne de laurier. Tétradr. Arg. TB.

60 Autre avec **AMΦIKPATHΣ** et **EΠIΣTPATOΣ**. — Autre : **AΠEΛΛIKΩN** et **ΓOPΓIAΣ**. Tétradr. Arg. 2 p. B.

61 Autre : **ΔHMEAΣ** et **EPMOKΛHΣ**. — Autre : **ΔΩPOΘE** et **ΔIOΦ**. Tétradr. Arg. 2 p. B.

62 Autre : **EΠIΓEN** et **ΣΩΣANΔPOΣ**. — Autre : **KAPAIX** et **EPΓOKΛE**. Tétradr. Arg. 2 p. AB.

63 Autre : **ΛYΣAN** et **ΓΛAYKOΣ**. — Autre : **MIKIΩN** et **EYPYKΛEI**. Tétradr. Arg. 2 p. TB.

64 *Egine*. Tortue. Didr. **Péloponnèse**. *Corinthe*. Didr. 3 variétés. *Sicyone*. Drachme et divisions. 3 p. *Patras*. Drachme de la ligue. *Pellene*. Id. 2 p. Arg. — Ens. 10 p.

65 **Crète**. *Cnossus*. Tête de Héra à g. ℞. Labyrinthe. Drachme. *Cydonia*. Tête à dr. ℞. 3 croissants. Trihémiobole. **Pont**. *Amisus*. Tête tourelée à g. ℞. Chouette. Drachme. *Polémon et Néron*. Drachme. Arg. — Ens. 4 p.

66 *Mithridate VI*. Tête diadémée à dr. ℞. **BAΣIΛEΩΣ MIΘPAΔATOY EYΠATOPOΣ.** Cerf buvant à g.; croissant, étoile et deux monogr., le tout dans une couronne de chêne. Tétradr. Arg. B.

67 *Rhescuporis III et Elagabale*. **BACIΛEWC. PHCKOYΠOPIΔOC.** Son buste à dr. ℞. **EIΦ** an 515 . Buste lauré d'Elagabale à dr. Statère. Electrum. TB.

68 **Mysie**. *Attale II*. Tête laurée à dr. ℞. Pallas assise à g., couronnant le nom **ΦIΛETAIPOY**. Tétradr. *Pergame*. Cistophore. Arg. — Ens. 2 p. B.

69 **Eolide.** *Cymé*. Tête de l'amazone Cymé à dr. ℞. **KYMAIΩN**. **KAΛΛIAΣ**. Cheval debout à dr., un pied levé sur un vase, dans une couronne de laurier. Tétradr. Arg. Très beau.

70 *Myrina*. Tête laurée d'Apollon à dr. ℞. **MYPINAIΩN**. Apollon Gryneos debout à dr.; devant, l'omphalos et une amphore; le tout dans une couronne de laurier. Tétradr. Arg. TB.

71 **Lesbos** (Ile). Tête de lion à dr. ℞. Tête de bélier à dr., incuse. Hecté. Electrum. TB.

72 Tête laurée d'Apollon à dr. ℞. Tête de femme à dr. Hecté. Electrum. B.

73 Tête casquée d'Athéna à dr. ℞. Tête de Héra à dr. dans un carré ligné. Hecté. Electrum. AB.

74 Tête imberbe d'Ammon à dr. ℞. Aigle au repos à dr., retournant la tête, dans un carré ligné. Hecté. Electrum. B.

75 **Ionie.** *Clazomène*. Partie antérieure de sanglier ailé à dr. ℞. Carré incus. Didr. Arg. TB.

Voyez planche I.

76 Tête d'Apollon de trois quarts à g. ℞. **KΛAZOMHN ΣIΘEOΣ**. Cygne battant des ailes à g.; dessous, un canthare. Drachme. Arg. TB.

Voyez planche I.

77 *Erythrée*. Tête d'Héraclès jeune à dr. ℞. **EPY. ΔIONYΣIOΣ**. Massue, arc dans un étui, chouette et amphore. Drachme. Arg. TB.

78 *Magnésie*. Cavalier à dr. ℞. **MAΓN**. Zébu à g. Hémidr. *Milet*. Tête d'Apollon à g. ℞. Lion à g. Drachme. Arg. Ens. 2 p.

79 **Carie.** *Cnide*. Protomé de lion. ℞. Tête d'Aphrodité dans un carré incus. Drachme. *Rhodes* (Ile). Tête d'Hélios de face. ℞. **POΔION AMEINIAΣ**. Fleur de balaustium. Tétradr. Arg. Ens. 2 p. B.

80 **Pamphylie.** *Aspendos*. **ΠO**. Lutteurs. ℞. **EΣTFEΔIIYΣ**. Frondeur à dr.; devant, protomé de cheval et foudre. Statère. Arg. TB.

81 **Cilicie.** *Datame*. Tête d'Aréthuse de face. ℞. Tête casquée d'Ares à g. Statère. *Mazaïos*. Baaltars assis à g. ℞. Lion à g. dévorant un taureau agenouillé au-dessus d'une ville. Statère. Arg. Ens. 2 p. B.

82 **Cappadoce.** *Ariarathe IX*. Tête diadémée à dr. ℞. **BAΣIΛEΩΣ APIAPAΘOY EYΣEBOYΣ**. Athéna nicéphore debout à g. Drachme. Arg. TB.

83 **Rois de Syrie.** *Antiochus I*. Tête diadémée à dr. ℞. **BAΣIΛEΩΣ ANTIOXOY**. Apollon assis à g. sur l'omphalos. Tétradr. Arg. B.

84 *Antiochus III*. Tête jeune, diadémée à dr. ℞. **ΒΑΣΙΛΕΩΣ ΑΝΤΙΟΧΟΥ**. Même type. Tétradr. Arg. TB.

85 *Démétrius I*. Tête diadémée à dr. dans une couronne. ℞. **ΒΑΣΙΛΕΩΣ. ΔΗΜΗΤΡΙΟΥ**. Tyché assise à g. Tétradr. — Autre avec **ΒΑΣΙΛΕΩΣ ΔΗΜΗΤΡΙΟΥ ΣΩΤΗΡΟΣ**. Tétradr. Arg. — Ens. 2 p. la seconde TB.

86 *Alexandre I*. Buste diadémé à dr. dans une couronne. ℞. **ΒΑΣΙΛΕΩΣ. ΑΛΕΞΑΝΔΡΟΥ. ΘΕΟΠΑΤΟΡΟΣ. ΕΥΕΡΓΕΤΟΥ**. Zeus nicéphore assis à g. Tétradr. Arg. TB.

87 *Antiochus VII*. Tête diadémée à dr. dans une bandelette. ℞. **ΒΑΣΙΛΕΩΣ ΑΝΤΙΟΧΟΥ ΕΥΕΡΓΕΤΟΥ**. Athéna nicéphore debout à g. dans une couronne. Tétradr. TB.

88 *Antiochus VIII*. Tête diadémée à dr. dans une bandelette. ℞. **ΒΑΣΙΛΕΩΣ ΑΝΤΙΟΧΟΥ ΕΠΙΦΑΝΟΥΣ**. Zeus Ouranios debout à g. dans une couronne. Tétradr. Arg. 2 variétés. B.

89 **Phénicie**. *Arados*. Abeille. ℞. Cerf et palmier. Drachme. *Tyr*. Tête d'Héraclès. ℞. Aigle à g. Tétradr. 2 p. **Bactriane**. *Ménandre* Drachme. Arg. Ens. 4 p. TB.

90 *Hooerkès*. Légende pali. Buste couronné et nimbé du roi à g., tenant un sceptre? et une lance. ℞. **ΦΑΡΡΟ**. Divinité mâle sacrifiant à g. Statere. Or. TB.

91 *Baraoro*. Lég. pali. Le roi nimbé, debout à g., sacrifiant et tenant un trident : devant, un autre trident. ℞. **OKPO**. Divinité nimbée, tenant une couronne et un trident, debout de face devant le bœuf Nandi allant à g. Statere. Or. TB.

92 **Egypte**. *Alexandre Ægus*. Tête à dr. couverte d'une peau d'éléphant. ℞. **ΑΛΕΞΑΝΔΡΟΥ**. Pallas combattant à dr.; devant, un aigle. Tétradr. Arg. TB.

93 Même pièce variée. — Autre avec casque au-dessus de l'aigle. Tétradr. Ens. 2 p. B. et TB.

94 *Ptolémée I*. Tête diadémée à dr.; l'égide autour du cou. ℞. **ΠΤΟΛΕΜΑΙΟΥ ΒΑΣΙΛΕΩΣ**. Aigle à g. sur un foudre; devant, monogr. **ΧΑ**. Quart de statere. Or. TB.

Voyez planche I.

95 *Soter, Bérénice, Philadelphe et Arsinoé*. **ΘΕΩΝ**. Bustes diadémés de Soter et de Bérénice à dr. ℞. **ΑΔΕΛΦΩΝ**. Bustes diadémés de Philadelphe et d'Arsinoé à dr.; derrière, un bouclier. Octadrachme. Or. TB.

Voyez planche I.

96 *Arsinoé*. Buste diadémé et voilé à dr. ℞. **ΑΡΣΙΝΟΗΣ ΦΙΛΑ-ΔΕΛΦοΥ**. Double corne d'abondance. Décadr. B.

97 *Ptolémée VII*. Tétradr. 2 variétés. Arg. B.

98 **Cyrénaïque**. *Cyrène*. Cavalier à g., un chapeau derrière le dos; au-dessus, une étoile. ℞. Silphium; à g. **KYPA**; à dr. monogr. Demi-statère. Or. TB.

Voyez planche I.

99 **Zeugitane**. *Carthage*. Tête de Déméter couronnée d'épis à g. ℞. Cheval debout à dr. Statère. Or. TB.

Voyez planche I.

100 Mêmes types. Statère. Electrum. TB.

101 Même tête. ℞. Cheval à dr., regardant en arrière; au fond, un palmier. Didr. — Cheval à dr. Hémidr. Arg. — Ens. 2 p. TB.

102 **Numidie**. *Juba I*. **REX IVBA**. Buste barbu diadémé à dr., un sceptre à l'épaule. ℞. Temple octostyle. Denier. Arg. 2 p. B. et TB.

MONNAIES ROMAINES

---

103 **République** (1). *Campanie*. Double tête de femme portant la stéphané. ℞. Quadrige de Jupiter à dr. 26 . Electrum. B.

Voyez planche I.

104 Tête casquée de Mars à dr.; derrière XX. ℞. ROMA. Aigle éployé à dr. sur un foudre 31 . Or. TB.

Voyez planche I.

105 Tête de Janus. ℞. Quadrige de Jupiter 23 . *Æmilia*. Statue équestre 7 . — Le roi Arétas 8 . 2 p. — Ens. 4 p. TB.

106 *Antonia*. Tête de M. Antoine. ℞. La Piété à g. 11 . *Carisia*. Outils de monnayage 1 . — Bige 2 . *Cassia*. Quadrige 1 . Citoyen votant 10 . *Cipia*. Bige 1 . — Ens. 6 p. B. et TB.

---

(1) Les numéros entre parenthèses sont ceux de M. E. Babelon. *Monnaies de la République Romaine.*
Toutes ces pièces sont en argent, sauf les deux premières.

107 *Claudia*. Bige 1 . — Trige 2 . — Buste de Diane 5 . — Diane
Lucifera 15 . — *Cloulia*. Bige 1 . *Coelia*. Tête du Soleil 4 .
— Lectisternium 7 . *Considia*. Quadrige 7 . *Cordia*. Egide 4 .
Cornelia. Bige 50 . *Crepusia*. Cavalier 1 . — Ens. 11 p. B.
et TB.

108 *Decia*. Tête casquée de Rome à dr.; derrière, X. ℞. ROMA. Les
Dioscures galopant à dr.; dessous, un bouclier ovale et un
carnyx en sautoir 1 . TB. Rare.

109 *Farsuleia*. Homme montant sur un char 1 . *Flaminia*. Bige 2 .
Fonteia. Tête de Janus. ℞. Galère 1 . — Têtes des Dioscures
7 . — Chèvre 12 . — Cavalier 17 . — Ens. 6 p. TB.

110 *Fufia*. L'Italie et Rome 1 . *Fundania*. Quadrige 1 . *Furia*. Bige
13 . — Chaise curule 23 . — Ens. 4 p. TB.

111 *Hostilia*. Victoire 5 . *Julia*. Quadrige 5 . 2 p. — CAESAR. Elé-
phant 9 . *Junia*. Les Dioscures 8 . — Tête de Brutus. ℞. Tête
d'Ahala 30 . — Ancre et gouvernail 33 . — Ens. 7 p. B. et TB.

112 *Licinia*. L'enceinte des comices 7 . — Char de Bituit 12 . —
Quadrige 16 . — Chevalier à g. 18 . *Livineia*. Belluaires combattant 12 . — Ens. 5 p. B. et TB.

113 *Lollia*. Tribune aux harangues 2 . *Lucretia*. Etoiles et croissant
2 . *Mallia*. Trige 2 . *Mamilia*. Ulysse 6 . *Manlia*. Quadrige
3 . — Ens. 5 p. TB.

114 *Marcia*. Cavalier 11 . — Tête de Philippe V 12 . — Marsyas 24 .
2 p. — Tête d'Ancus 28 . *Maria*. Laboureur 7 . *Minucia*.
Combat à pied 19 . *Naevia*. Trige 6 . — Ens. 8 p. B. et TB.

115 *Neria*. NERI. Q. VRB. Tête de Saturne à dr. ℞. L. LENT. C. MARC. COS.
Aigle entre deux enseignes 1 . TB.

116 *Norbana*. Epi, faisceau et caducée 2 . *Petillia*. Aigle. ℞. Temple
5 . *Petronia*. Parthe présentant une enseigne 9 . *Pinaria*.
Bige 1 . *Plautia*. Chameau 13 . — Masque 14 . — Ens. 6 p. B.

117 *Pomponia*. Q. POMPONI. MVSA. Tête d'Apollon à dr. ℞. HERCVLES.
MVSARVM. Hercule Musagètes debout, jouant de la lyre 8 . TB.

118 Numa sacrifiant 6 . *Porcia*. Bige 1 . — Quadrige 2 . — Guerrier entre un citoyen et un licteur 4 . — Victoire assise 7 .
3 p. — Ens. 7 p. B. et TB.

119 *Postumia*. Quadrige 1 . — Tête de l'Espagne 8 . — Mains et
caducée 10 . *Procilia*. Junon Sospita combattant 1 . — Bige
2 . *Quinctia*. Les Dioscures 2 . — Buste d'Hercule 6 . —
Ens. 7 p. B. et TB.

120 *Sentia*. Quadrige 1 . *Sergia*. Tête de Rome. ℟. Cavalier 1 .
Droit de cette pièce. ℟. Incus. *Servilia*. Questeurs assis 12 .
Terentia. Les Dioscures 10 . *Thoria*. Taureau 1 . — Ens.
6 p. B. et TB.

121 *Titia*. Tête de Mutinus Titinus. ℟. Pégase 1 . 2 p. — Tête de
Bacchus. ℟. Pégase 2 . 3 p. *Tituria*. Mort de Tarpeia 4 .
Bige (6 . — Ens. 7 p. B.

122 *Vargunteia*. Quadrige 1 . *Vettia*. Victoire et trophée 1 . *Veturia*.
Serment de guerriers 1 . *Vibia*. Quadrige 2 . — Jupiter Axur
18 . — Panthère et autel 24 . — Ens. 6 p. B. et TB.

123 **Empire** 1. *Pompée*. VARRO. PRO. Q. Buste à dr. de Jupiter en
Terme. ℟. MAGN. PRO. COS. Sceptre entre un dauphin et un aigle
3 . Arg. TB.

124 MAG. PIVS. IMP. ITER. Tête nue de Pompée à dr. entre un simpulum
et le lituus. ℟. PRÆF. CLAS. ET. OR. Neptune entre Anapias et
Amphinome 17 . Arg. TB.

125 *Jules César*. C. CAESAR. COS. TER. Tête voilée de la Piété à dr.
℟. A. HIRTIVS. PR. Instruments de sacrifice 2 . Or. TB.
Voyez planche I.

126 C. CAES. DIC. TER. Buste de la Victoire à dr. ℟. L. PLANC. PR. VRB.
Vase à sacrifice 30 . Or. TB.
Voyez planche I.

127 *César et Octave*. DIVOS. IVLIVS. Tête laurée de J. César à dr.
℟. CAESAR. DIVI. F. Tête nue d'Octave à dr. 3 . GB. B.

128 *Brutus*. CASCA. LONGVS. Tête de Neptune à dr. ℟. BRVTVS. IMP. Victoire à dr. déchirant un diadème et foulant un sceptre 3 .
Arg. TB.

129 BRVTVS. Hache, simpule et couteau. ℟. LENTVLVS. SPINT. Vase et
lituus 6 . Arg. TB.

130 L. SESTI. PRO. Q. Buste voilé de la Liberté à dr. ℟. Q. CAEPIO.
BRVTVS. PRO. Q. Trépied entre une hache et un simpulum 11 .
Arg. FDC.

131 **ΚΟΣΩΝ**. Brutus marchant à g. entre deux licteurs. ℟. Aigle à g.
tenant une couronne. Frappé à Cosséa de Macédoine . Or. TB.
Voyez planche I.

132 *Lépide et Octave*. LEPIDVS. PONT. MAX. III. VIR. R. P. C. Sa tête nue
à dr. ℟. CAESAR. IMP. III. VIR. R. P. C. Sa tête nue à dr. 2 . Arg.
2 p. AB. et B.

---

133 *Marc Antoine.* Sa tête à dr. ℞. Tête du Soleil dans un temple 412.
— Tête de la Concorde. ℞. Mains et caducée 67. *Fulvie.* Tête
à dr. ℞. LVGVDVNI. Lion à dr. 4. Arg. — Ens. 3 p. AB.

134 *Marc Antoine et Octave.* M. ANT. IMP. AVG. III. VIR. R. P. C. M. BARBAT
Q. P. Tête nue à dr. ℞. CAESAR. IMP. PONT. III. VIR. R. P. C. Tête
nue à dr. 8. Arg. 2 p. TB.

135 *Octavie et M. Antoine.* M. ANTONIVS. IMP. COS. DESIG. ITER. ET. TERT.
Tête d'Antoine à dr. dans une guirlande. ℞. III. VIR. R. P. C.
Tête d'Octavie sur la ciste 2. — Têtes accolées. ℞. Bacchus
debout sur la ciste 3. Cistophores. Arg. — Ens. 2 p. AB.

136 *Auguste.* CAESAR. AVGVSTVS. DIVI. F. PATER. PATRIAE. Tête laurée à
dr. ℞. C. L. CAESARES. AVGVSTI. F. COS. DESIG. PRINC. IVVENT. Caïus
et Lucius debout 42. Or B.

Voyez planche I.

137 AVGVSTVS. DIVI. F. Tête laurée à dr. ℞. IMP. XIIII. Barbare présentant un enfant à Auguste, assis à g. sur une estrade 174.
Or. TB.

Voyez planche I.

138 IMP. CAESAR. Tête nue à dr. ℞. AVGVSTVS. Autel enguirlandé, orné
de deux cerfs 33. Arg. Médaillon. TB.

139 Même droit. ℞. AVGVSTVS. Capricorne dans une couronne 16. —
Six épis en faisceau 32. Arg. Médaillons. — Ens. 2 p. B.

140 — Victoire sur la ciste 14. — Caïus galopant à dr. 40. — Instruments de sacrifice 91. — Taureau à dr. 137. 2 p. — Tête
du Soleil. ℞. Quadrige 357. Arg. — Ens. 6 p. B.

141 *Livie.* PIETAS. Buste diadémé et voilé à dr. ℞. DRVSVS. CAESAR. TI.
AVGVSTI. F. TR. POT. ITER. Dans le champ, S. C. 1. MB· TB.

142 *Tibère.* TI. CAESAR. DIVI. AVG. F. AVGVSTVS. Tête laurée à dr.
℞. PONTIF. MAXIM. Livie assise à dr. 15. Or. TB.

Voyez planche I.

143 *Antonia.* ANTONIA. AVGVSTA. Buste couronné d'épis à dr. ℞. SACER-
DOS. DIVI. AVGVSTI. Deux torches allumées, réunies par une
guirlande 4. Or. TB.

Voyez planche I.

144 *Drusus.* Tête à g. 2. MB. *Néron Drusus.* Tête à g. 8. GB.
Antonia. Buste à dr. 6. MB. *Germanicus.* Tête à g. 4. MB.
Agrippine mère. Buste à dr. 3. GB. *Caligula.* Tête à g.
℞. Couronne civique 25. GB. — Vesta 27. MB. — Ens. 7 p.
AB. et B.

145 *Caligula et Auguste*. C. CAESAR. AVG. GERM. P. M. TR. POT. COS. Tête
nue à dr. ℞. Sans lég. Tête radiée d'Auguste à dr. entre deux
étoiles 10 . Or. TB.

Voyez planche I.

146 *Claude I*. TI. CLAVD. CAESAR. AVG. P. M. TR. P. IIII. Tête laurée à dr.
℞. PACI. AVGVSTAE. Némésis marchant à dr., tenant un caducée
et précédée d'un serpent 55 . Or. B.

Voyez planche I.

147 — Cérès assise à g. 1 . MB. — Couronne civique 39 . GB. — La
Liberté debout à dr. 47 . MB. — Arc de Drusus 48 . GB. —
Pallas à dr. 84 . MB. — Ens. 5 p. AB.

148 *Agrippine et Claude*. AGRIPPINAE AVGVSTAE. Buste couronné
d'épis à dr. ℞. TI. CLAVD. CAESAR. AVG. GERM. P. M. TRIB. POT. P. P.
Tête laurée à dr. 3 . Or. TB.

Voyez planche I.

149 *Claude et Néron*. TI. CLAVD. CAESAR. AVG. GERM. P. M. TRIB. POT. P. P.
Tête laurée à dr. ℞. NERO. CLAVD. CAES. DRVSVS. GERM. PRINC.
IVVENT. Buste jeune drapé à g. 4 . Or. B.

150 *Néron*. NERO. CAESAR. AVGVSTVS. Tête laurée à dr. ℞. IVPPITER.
CVSTOS. Jupiter assis à g. 118 . Or. TB.

151 NERO. CLAVD. CAES. DRVSVS. GERM. PRINC. IVVENT. Buste nu et drapé à
g. ℞. SACERD. COOPT. IN. OMN. CONL. SVPRA. NVM. EX. S. C. Simpule
sur un trépied, lituus et patère 311 . Or. TB.

152 — Temple de Vesta 335 . Arg. — Rome assise à g. 275 . GB. —
Victoire à g. 302 . MB. — Aigle à dr. sur un foudre Antioche
Potin. — Ens. 4 p. AB.

153 *Galba*. IMP. SER. GALBA. AVG. Tête nue à dr. ℞. S. P. Q. R. OB. C. S.
dans une couronne civique 286 . Or. B.

Voyez planche I.

154 — Même pièce 287 . Arg. — La Liberté debout à g. 112 . GB.
— Victoire à g. 262 . GB. — Ens. 3 p. AB. et B.

155 — La Liberté à g. 108 . GB. — La Paix debout à g. 158 . MB.
— Buste d'Alexandrie à dr. Pot. — Buste de Rome à dr. Pot.
— Ens. 4 p. B. et TB.

156 *Othon*. IMP. OTHO. CAESAR. AVG. TR. P. Tête nue à dr. ℞. SECVRITAS.
P. R. La Sécurité debout à g. tenant une couronne et un sceptre
14 . Or. B. Rare. *Voyez planche I.*

157 *Vitellius*. A. VITELLIVS. GERMAN. IMP. TR. P. Tête laurée à dr. ℞. XV.
VIR. SACR. FAC. Trépied avec un dauphin et un corbeau Var. de
C. 110 . Or. B. *Voyez planche II.*

158 — Variétés 111 et 115 . Arg. 2 p. — La Concorde assise à g.
18 . Arg. — La Liberté debout 49 . MB. — Ens. 4 p. B.

159 *Vitellius et ses enfants*. A. VITELLIVS. GERM. IMP. AVG. TR. P. Tête
laurée à dr. R̃. LIBERI. IMP. GERM. AVG. Bustes en regard de son
fils et de sa fille 3 . Or. B.
Voyez planche II.

160 *Vespasien*. IMP. CAES. VESP. AVG. P. M. COS. IIII. Tête laurée à dr.
R̃. Vespasien dans un quadrige à dr. tenant un rameau et un
sceptre 642 . Or. TB. *Voyez planche II.*

161 — Deniers variés. Arg. 10 p. — GB. 3 p. — MB. 1 p. — Ens.
14 p. AB. et B.

162 *Titus*. T. CAES. IMP. VESP. CEN. Tête laurée à dr. R̃. PAX. AVG. La
Paix debout à g., tenant un caducée et une branche d'olivier,
devant un trépied 131 . Or. TB.
Voyez planche II.

163 — Trépied 321 . Arg. — L'Espérance à g. 222 . GB. *Julie*.
Buste à dr. R̃. Cérès 2 . MB. — Vesta assise à g. 18 . MB. —
Ens. 4 p.

164 *Domitien*. CAESAR. AVG. F. DOMITIANVS. Tête laurée à dr. R̃. COS. IIII.
Corne d'abondance 46 . Or. TB.
Voyez planche II.

165 IMP. CAES. DOMITIANVS. AVG. P. M. Tête laurée à dr. R̃. TR. POT. COS.
VIII. P. P. Autel paré et allumé 598 . Or. TB.
Voyez planche II.

166 — Deniers variés. Arg. 8 p. B. et TB.

167 *Nerva*. IMP. NERVA. CAES. AVG. P. M. TR. P. II. COS. III. P. P. Tête
laurée à dr. R̃. FORTVNA. AVGVST. La Fortune debout à g. 70 .
Or. TB. *Voyez planche II.*

168 — Deniers variés. Arg. 5 p. — Aigle à dr. sur un foudre
Antioche . Pot. — Ens. 6 p. B. et TB.

169 *Trajan*. IMP. CAES. NER. TRAIAN. OPTIM. AVG. GERM. DAC. Buste lauré,
drapé et cuirassé à dr. R̃. PARTHICO. P. M. TR. P. COS. VI. P. P.
S. P. Q. R. Buste radié du Soleil à dr. 187 . Or. TB.
Voyez planche II.

170 — Deniers variés. Arg. 11 p. — La Fortune assise à g. 639 .
MB. — Ens. 12 p. B. et TB.

171 *Plotine*. PLOTINA. AVG. IMP. TRAIANI. Buste diadémé à dr. R̃. CAES.
AVG. GERMA. DAC. COS. VI. P. P Vesta assise à g., tenant le palla-
dium et un sceptre 2 . Or. TB.
Voyez planche II.

172 *Matidie*. MATIDIA. AVG. DIVAE. MARCIANAE. F. Buste diadémé à dr.
R. PIETAS. AVGVST. S. C. Matidie debout de face, regardant à g.
et posant ses mains sur les têtes de ses deux filles 11 . GB. TB.
Très rare.   *Voyez planche II*.

173 *Adrien*. HADRIANVS. AVG. COS. III. P.P. Buste nu, drapé à g. R. AFRICA.
L'Afrique couchée à g., la main dr. posée sur un lion, le coude
g. sur une corbeille 151 . Or. B.

174   Deniers variés. Arg. Ens. 10 p.

175 — La Fortune assise à g. 732 et 736 . GB. — 748 . MB.
Variété, tête à g. MB. — Ens. 4 p. AB. et B.

176 *Sabine*. Buste à dr. avec queue. R. Vénus 73 . — Vesta assise
à g. 81 . Arg. — Buste avec coiffure relevée. R. Vénus manque
à C. GB. — Ens. 3 p. B. et TB.

177 *Ælius*. L. AELIVS. CAESAR. Tête nue à dr. R. TRIB. POT. COS. II. La
Piété sacrifiant à dr. sur un autel 72 . Or. B.
                              Voyez planche II.

178 — La Santé à g., nourrissant un serpent 54 . — L'Espérance
marchant à g. 55 . Arg.   Ens. 2 p. B. et TB.

179 *Antonin*. ANTONINVS. AVG. PIVS. P. P. IMP. II. Tête laurée à dr.
R. TR. POT. XX. COS. IIII. Victoire marchant à g. 1013 . Or. TB.
                              Voyez planche II.

180 — Trône 345 . Arg. — Le Génie du Sénat 401 et 404 . MB.
Bonus Eventus 844 . MB. — L'Abondance type 1039 . GB.
— Ens. 5 p. B. et TB.

181 *Antonin et Marc-Aurèle*. Tête d'Antonin à dr. R. Tête de
M. Aurèle à g. 37 . GB. — 38 var. . MB. *Faustine mère*.
Deniers variés. Arg. 2 p. — Ens. 4 p. B. et TB.

182 DIVA. FAVSTINA. Buste à dr. R. AVGVSTA. Cérès debout à g., tenant
deux torches 75 . Or. Très belle pièce à FDC.
                              Voyez planche II.

183 La même pièce d'un autre coin. Or. Très belle pièce.
                              Voyez planche II.

184 *Marc-Aurèle*. IMP. CAES. M. AVREL. ANTONINVS. AVG. Buste nu,
drapé à dr. R. CONCORDIAE. AVGVSTOR. TR. P. XVI. COS. III. Marc-
Aurèle et Vérus se donnant la main 73 var. . Or. B.
                              Voyez planche II.

185 IMP. M. AVREL. ANTONINVS. AVG. P. M. Buste nu, drapé et cuirassé
à dr. R. SALVTI. AVGVSTOR. TR. P. XVI. COS. III. La Santé à g.,
nourrissant un serpent 554 . Or. TB.
                              Voyez planche II.

186 — Deniers variés. Arg. — Ens. 5 p. B. et TB.

187 *Faustine jeune*. FAVSTINAE. AVG. PII. AVG. FIL. Buste à dr. ℞. IVNO. Junon Lucine assise à g., tenant un enfant sur ses genoux et un sceptre; devant elle, un enfant debout, tenant deux épis 129 . Or. TB.

Voyez planche II.

188 *L. Vérus*. IMP. CAES. L. AVREL. VERVS. AVG. Tête nue à dr. ℞. CONCORDIAE. AVGVSTOR. TR. P. COS. II. Vérus et M. Aurèle se donnant la main 44 . Or. TB.

Voyez planche II.

189 — Deniers variés un troué . Arg. 5 p. *Lucille*. Buste à dr. ℞. Diane debout à g. 14 . Arg. — Ens. 6 p. B. et TB.

190 *Commode*. COMMODO. CAES. AVG. FIL. GERM. SARM. Buste nu, drapé à dr. ℞. DE. GERMANIS. Trophée entre deux captifs 76 varié . Or. Très belle pièce.

Voyez planche II.

191 — Apollon monétaire debout 22 . Arg. — La Liberté debout 285 . GB. — Ens. 2 p. B.

192 *Crispine*. Deniers variés. Arg. 2 p. — La Joie 28 . MB. — La Santé assise 32 . GB. — Ens. 4 p. B. et TB.

193 *Pertinax*. IMP. CAES. P. HELV. PERTIN. AVG. Tête laurée à dr. ℞. PROVID. DEOR. COS. II. La Providence debout à g., levant la main vers un globe radié 42 . Or. Très beau.

Voyez planche II.

194 *Dide Julien*. Tête laurée à dr. ℞. RECTOR. ORBIS. S. C. Julien debout à g., tenant un globe et un livre 17 . GB. B:

195 *Manlia Scantilla*. MANLIA. SCANTILLA. AVG. Buste à dr. ℞. IVNO. REGINA. S. C. Junon debout à g.: à ses pieds, un paon 6 . GB.

196 *Didia Clara*. DIDIA. CLARA. AVG. Buste à dr. ℞. HILAR. TEMPOR. S. C. L'Allégresse debout à g. 4 . GB. B.

197 *Pescennius Niger*. **AVTOK. ΠΕCΚ. ΝΙΓΡΟC. ΙΟVCΤΟC. CEB.** Tête à dr. ℞. **ΚΑΙCΑΡΕΙΑC. ΓΕΡΜΑΝΙΚΗC.** Serpent lové. Br. Usé, mais rare.

198 *Albin*. IMP. CAES. C. CLO. SEP. ALB. AVG. Tête laurée à dr. ℞. FIDES. LEGION. COS. II. Deux mains tenant une aigle 24 . Arg. TB.

199 *Septime Sévère*. SEVERVS. AVG. PART. MAX. Tête laurée à dr. ℞. FVNDATOR. PACIS. Sévère voilé, debout à g., tenant une branche d'olivier 202 . Or. FDC.

Voyez planche III.

200 — Deniers variés. Arg. 4 p. — Antioche. GB. 2 p. *Julie Domne.*
Deniers. Arg. 2 p. — Ens. 8 p.

201 IVLIA. AVGVSTA. Buste à dr. ℞. VENVS. VICTRIX. Vénus à demi-nue
debout à g., tenant un casque et une palme et appuyée sur une
colonne; à ses pieds, un bouclier voy. C. 215. Arg. . Or.
FDC.

Voyez planche III.

202 *Caracalla, Sévère et Julie.* ANTONINVS. PIVS. AVG. PON. TR. P. IIII.
Buste lauré, drapé et cuirassé à dr. ℞. CONCORDIAE. ALTERNAT.
Bustes accolés à dr. de Sévère radié et drapé et de Julie diadémée avec un croissant autour du cou 1. Or. Très belle
pièce. FDC.

Voyez planche III.

203 *Caracalla.* ANTONINVS. PIVS. AVG. GERM. Buste lauré et cuirassé
à g. ℞. P. M. TR. P. XVIIII. COS. IIII. P. P. Le Soleil montant dans
un quadrige au galop à g. 354 var. . Or. B.

Voyez planche III.

204 — Deniers variés. Arg. 3 p. Victoire à dr. 476 . MB. *Plautille.*
La Piété 16 . Arg. *Géta.* Deniers variés. Arg. 3 p. — Ens.
8 p. B.

205 *Macrin.* IMP. CAES. M. OPEL. SEV. MACRINVS. AVG. Buste lauré, cuirassé à dr. ℞. AEQVITAS. AVG. S. C. L'Equité debout à g. 5 .
GB. — Deniers variés. Arg. 2 p. Ens. 3 p. B.

206 *Diaduménien.* M. OPEL. ANT. DIADVMENIAN. CAES. Buste nu, drapé à
dr. ℞. PRINC. IVVENTVTIS. Diaduménien debout et 3 enseignes
3 . Arg. TB.

207 *Elagabale.* IMP. CAES. M. AVR. ANTONINVS. AVG. Buste lauré, drapé
et cuirassé à dr. ℞. VICTOR. ANTONINI. AVG. Victoire courant
à dr. 288 . Or. TB.

Voyez planche III.

208 — La Providence à g. 242 . Arg. — La Fortune 55 . MB.
Soémias. Buste à dr. ℞. Vénus assise à g. 14 . Arg. Ens.
3 p. B. et TB.

209 *Aquilia Sévéra.* IVLIA. AQVILIA. SEVERA. AVG. Buste à dr. ℞. CON-
CORDIA. La Concorde sacrifiant à g. 2 . Arg. TB.

210 *Maesa.* IVLIA. MAESA. AVGVSTA. Buste à dr. ℞. PVDICITIA. S. C. La
Pudeur assise à g. 42 . GB. — La Félicité debout 45 . Arg.
Ens. 2 p. TB.

211 *Alexandre Sévère.* Deniers. Arg. 2 p. GB. variés. 4 p. — Ens.
6 p. B.

212 *Orbiane*. La Concorde assise 4 . GB. *Mamée*. La Félicité 17 . Arg. — GB. variés. 2 p. *Maximin I*. GB. variés. 2 p. — Ens. 6 p.

213 *Maxime*. IVL. VERVS. MAXIMVS. CAES. Buste nu, drapé à dr. Ŗ. PIETAS. AVG. Instruments de sacrifice 1 . Arg. TB.

214 *Gordien d'Afrique père*. IMP. CAES. M. ANT. GORDIANVS. AFR. AVG. Buste lauré, drapé à dr. Ŗ. VICTORIA. AVGG. S. C. Victoire marchant à g. 14 . GB. AB.

215 *Gordien d'Afrique fils*. IMP. CAES. M. ANT. GORDIANVS. AFR. AVG. Buste lauré, drapé à dr. Ŗ. VIRTVS. AVGG. S. C. La Valeur debout à g. 15 . GB. B. Rare.

216 *Balbin*. IMP. C. D. CAEL. BALBINVS. AVG. Buste lauré, drapé à dr. Ŗ. PROVIDENTIA. DEORVM. La Providence debout à g. 23 . Arg. TB.

217 — Mêmes types 24 . GB. 2 p. B.

218 *Pupien*. IMP. CAES. PVPIEN. MAXIMVS. AVG. Buste lauré, drapé à dr. Ŗ. PAX. PVBLICA. S. C. La Paix assise à g. 24 . GB. B.

219 *Gordien Pie*. IMP. CAES. M. ANT. GORDIANVS. AVG. Buste lauré, drapé à dr. Ŗ. LIBERALITAS AVG. II. La Libéralité debout à g. 129 . Or. TB. *Voyez planche III*.

220 — Denier. Arg. — La Libéralité. GB. *Philippe père*. Deniers variés. Arg. 3 p. — GB. et MB. *Otacilie*. Arg. *Philippe fils*. Deniers variés. Arg. 5 p. *Trajan Dèce*. Arg. *Etruscille*. Arg. 2 p. — Ens. 16 p. TB.

221 *Hérennius*. Q. HER. ETR. MES. DECIVS. NOB. C. Buste nu et drapé à dr. Ŗ. PRINCIPI. IVVENTVTIS. Hérennius debout à g., tenant une baguette et une haste transversale 25 . Or. TB., mais trou rebouché. Rare.

Voyez planche III.

222 — Instruments de sacrifice 14 . Arg. — Mercure debout 12 . GB. *Trébonien Galle*. La Liberté à g. 67 . Arg. — GB. variés. 2 p. — Ens. 5 p.

223 *Volusien*. Deniers variés. Bill. 4 p. — Temple de Junon 41 . GB. — Ens. 5 p. TB.

224 *Émilien*. Apollon debout 2 . — Mars debout 25 . Bill. — Ens. 2 p. B. et TB.

225 *Valérien*. Deniers variés. Bill. 2 p. — GB. variés. 4 p. — Ens. 6 p. B.

226 *Mariniane*. Paon 4 . Bill. *Gallien*. Billon ou PB. 13 p. — Aigle. Alexandrie . Pot. — Ens. 15 p. B.

227 *Macrien jeune*. IMP. C. FVL. MACRIANVS. P. F. AVG. Buste radié à dr.
 ℟. SOL. INVICTO. Le Soleil debout à g. 12 . Bill. TB.

228 *Quiétus*. IMP. C. FVL. QVIETVS. P. F. AVG. Buste radié à dr. ℟. IOVI.
 CONSERVATORI. Jupiter assis à g. 8 . Bill. TB.

229 *Postume*. POSTVMVS. PIVS. AVG. Tête laurée à dr. ℟. P. M. TR. P. IMP.
 V. COS. III. P. P. Postume assis à g. sur une chaise curule, tenant
 un globe et un sceptre 287 . Or. Très beau. Trou rebouché.
 Voyez planche III.

230 — PB. variés. 4 p. et 1 GB. *Victorin*. PB. 2 p. *Tétricus père*. PB.
 4 p. *Tétricus fils*. PB. *Claude II*. PB. 4 p. *Quintille*. PB.
 Ens. 17 p.

231 *Aurélien*. PB. 2 p. *Tacite*. PB. *Florien*. PB. *Probus*. PB. 5 p. -
 Alexandrie . Pot. 2 p. — Ens. 11 p.

232 IMP. C. M. AVR. PROBVS. P. AVG. Buste lauré et cuirassé à g. ℟. CON-
 SERVAT. AVG. Le Soleil debout de face, tenant un globe 178 .
 Or. TB.
 Voyez planche III.

233 IMP. C. M. AVR. PROBVS. P. F. AVG. Buste casqué à g. avec le bouclier
 et la lance sur l'épaule. ℟. VICTORIAE. AVG. Victoire dans un
 quadrige au pas à g. 785 . Or. TB.
 Voyez planche III.

234 *Numérien*. IMP. NVMERIANVS. P. F. AVG. Buste lauré et cuirassé à dr.
 ℟. VIRTVS. AVGG. Hercule nu, debout à dr. 100 . Or. TB. mais
 trou rebouché.
 Voyez planche III.

235 — 8 . PB. *Carin*. 179 . PB. *Magnia Urbica*. Vénus debout à g.
 9 et 16 . PB. 2 p. — Ens. 4 p.

236 *Dioclétien*. DIOCLETIANVS AVGVSTVS. Tête laurée à dr. ℟. COS. III.
 Dioclétien à cheval au pas à dr. 54 . Or. Très beau.
 Voyez planche III.

237 *Maximien Hercule*. MAXIMIANVS. AVGVSTVS. Tête laurée à dr.
 ℟. CONSVL. III. P. P. PROCOS. Maximien en toge, debout à g. et
 tenant un globe 78 . Or. Très beau.
 Voyez planche III.

238 *Domitius Domitien*. IMP. CL. DOMITIVS. DOMITIANVS. AVG. Tête laurée
 à dr. ℟. GENIO. POPVLI. ROMANI. Génie debout à g.; à ses pieds,
 un aigle 1 . MB. B. Rare.

239 *Dioclétien*. PB. - — Alexandrie . Pot. *Maximien Hercule*. PB.
 4 p. *Carausius*. ℟. COMES. AVGG. Victoire à dr. 27 . PB. *Galère
 Maximien*. MB. 4 p. *Maximin II Daza*. MB. *Maxence*. MB.
 Romulus. MB. — Ens. 14 p.

240 *Licinius père.* LICINIVS. AVGVSTVS. Tête laurée à dr. R. IOVI. CON-SERVATORI. AVG. Jupiter debout à g.: à ses pieds, un aigle 104 var. . Or. Très beau.
Voyez planche III.

241 — PB. 2 p. *Constantin I.* PB. variés. 11 p. *Constantinople.* PB. 6 p. *Rome.* PB. 4 p. *Crispus.* PB. 2 p. *Constantin II.* PB. variés. 5 p. — Ens. 30 p.

242 *Constant.* FL. IVL. CONSTANS. P. F. AVG. Buste diadémé à dr. R. OB. VICTORIAM. TRIVMPHALEM. Deux Victoires soutenant une couronne 90 . Sou d'or. FDC.

243 — Arg. MB. et PB. 3 p. *Constance II.* MB. 2 p. — PB. 8 p. *Magnence.* R. VIRTVS EXERCITI. La Valeur debout 82 . Arg. — GB. et MB. *Décence.* MB. — Ens. 17 p. B. et TB.

244 *Julien II.* FL. CL. IVLIANVS. NOB. CAES. Buste nu et drapé à dr. R. GLORIA. REIPVBLICAE. Rome et Constantinople soutenant un bouclier 25 . Sou d'or. AB.

245 *Jovien.* D. N. IOVIANVS. P. F. AVG. Buste diadémé à dr. R. SECVRITAS. REIPVBLICE. Jovien debout à g.: devant, un captif 16 . Sou d'or. TB.
Voyez planche III.

246 *Valentinien I.* D. N. VALENTINIANVS. P. F. AVG. Buste diadémé à dr. R. RESTITVTOR. REIPVBLICAE. L'empereur nicéphore debout 26 . Sou d'or. TB.

247 La même pièce avec la croix dans le champ 26 . Sou d'or. TB.

248 Variété avec le chrisme sur le labarum que tient l'empereur. 28 . Sou d'or. TB.

249 *Valens.* D. N. VALENS. PER. F. AVG. Buste diadémé à dr. R. VICTORIA. AVGVSTORVM. Victoire assise à dr. tenant un bouclier 62 . Sou d'or. TB.

250 *Gratien.* D. N. GRATIANVS. P. F. AVG. Buste diadémé à dr. R. VICTO-RIA. AVGG. Gratien et Valentinien II assis 38 . Sou d'or. TB.

251 *Théodose I.* D. N. THEODOSIVS P. F. AVG. Buste diadémé à dr. R. CONCORDIA. AVGG. Constantinople assise 9 . Sou d'or. — Silique. Arg. — Ens. 2 p. B. et TB.

252 *Magnus Maximus.* D. N. MAG. MAXIMVS. P. F. AVG. Buste diadémé à dr. R. RESTITVTOR. REIPVBLICAE. L'empereur nicéphore 4 . Sou d'or. — 3. MB. — Ens. 2 p. TB.

253 *Honorius.* D. N. HONORIVS. P. F. AVG. Buste diadémé à dr. R. VIC-TORIA. AVGGG. L'empereur foulant un captif 37 . Or: TB.

254 Même droit. ℞. VICTORIA. AVGVSTORVM. Victoire assise à dr. écrivant sur un bouclier que lui présente un génie 51 . Quinaire. Or. TB.

255 *Placidie* D. N. GALLA. PLACIDIA. P. F. AVG. Buste diadémé à dr., couronné par une main. ℞. VOT. XX. MVLT. XXX. Victoire à g., tenant une croix 13 . Sou d'or. TB. Rare.

256 *Constantin III* D. N. CONSTANTINVS. P. F. AVG. Buste diadémé à dr. ℞. VICTORI. AAAVGGG. Constantin debout à dr., posant le pied sur un captif 5 . Sou d'or. TB.

257 *Valentinien III*. D. N. PLA. VALENTINIANVS P. F. AVG. Buste diadémé à dr. ℞. VICTORIA. AVGGG. Valentinien foulant un dragon 21 . Sou d'or. TB.

258 *Sévère III*. D. N. LIBIVS. SEVERVS. P. F. AVG. Buste diadémé à dr. ℞. VICTORIA. AVGGG. Sévère foulant un dragon 8 . Sou d'or.

259 **Empire d'Orient** 1 . *Arcadius*. Silique IV. 6 . Arg. *Théodose II*. Buste armé de face. ℞. L'empereur debout IV. 31 . Sou d'or. — Ens. 2 p. TB.

260 Même droit. ℞. Rome assise à g. V. 1 . Sou d'or. — Siliques. Arg. 3 p. — Ens. 4 p.

261 *Eudoxie*. AEL. EVDOCIA. AVG. Buste diadémé à dr. ℞. CONOB. Croix dans une couronne V. 25 . Triens. Or. B.

262 *Marcien*. D. N. MARCIANVS. P. F. AVG. Buste armé de face. ℞. VICTORIA AVGGGN. Victoire à g. tenant une croix VI. 6 . Sou d'or. TB.

263 La même pièce VI. 6 . Sou d'or. B.

264 *Pulchérie*. AEL. PVLCHERIA. AVG. Buste diadémé à dr. ℞. CONOB. Croix dans une couronne VI. 16 . Triens. Or. TB.

265 *Léon I*. D. N. LEO. PERPET. AVG. Buste diadémé à dr. ℞. Victoire de face VI. 23 . Triens. Or. B.

266 *Zénon*. Buste armé de face. ℞. Victoire crucigère à g. VII. 18 . Sou d'or. — Buste à dr. ℞. Victoire assise à dr. VII. 19 . Demi sou d'or. — Ens. 2 p.

267 *Basilisque*. D. N. BASILISCVS. P. P. AVG. Buste armé de face. ℞. Victoire crucigère à g. VIII. 14 . Sou d'or. TB.

268 *Anastase I*. Buste armé de face. ℞. Victoire à g. VIII. 25 . Sou d'or. — Buste à dr. ℞. Victoire de face VIII. 27 . Triens. Or. — Ens. 2 p. B.

---

(1) Les numéros entre parenthèses sont ceux de Sabatier : *Description des monnaies byzantines*.

269 — Même type. Triens. *Justin*. Victoire à dr. Triens. *Justinien I*. Victoire de face XII. 5 . Triens. Or. - Ens. 3 p. B.

270 — Couronne votive XII. 11 . Arg. — Br. variés. 12 p. *Théodahat*. D. N. THEODAHATVS REX. Buste couronné à dr. ℞. Victoire à dr. XVIII. 25 . GB. *Justin II et Sophie*. Br. 5 p. — Ens. 19 p.

271 *Maurice Tibère*. Buste casqué de face. ℞. Victoire de face XXIV. 10 . Sou d'or. TB. — Br. variés. 3 p. — Ens. 4 p.

272 *Phocas*. Buste de face. ℞. Victoire de face XXVI. 27 . Sou d'or. TB. - Br. variés. 6 p. *Héraclius*. Buste à dr. ℞. Croix XXVIII. 11 . Triens. Or. — Br. 2 p. — Ens. 10 p.

273 *Héraclius et Héraclius Constantin*. Leurs bustes diadémés de face. ℞. VICTORIA. AVGGGB. Croix sur 4 degrés XXIX. 18 var. . Sou d'or. TB.

274 *Héraclius, Héraclius Constantin et Héracléonas*. Les 3 Augustes debout. ℞. Croix sur 3 degrés XXXI. 6 . Sou d'or. B.

275 *Constant II*. Br. variés. 4 p. *Constant II et Constantin Pogonat*. Bustes de face. ℞. Croix sur un globe et 3 degrés XXXIV. 3 . Miliarésion. Arg. TB. — Br. 2 p. - Ens. 7 p.

276 *Constant II, Constantin Pogonat, Héraclius et Tibère*. Buste de Constant II de face. ℞. Les 3 Augustes debout XXXIV. 15 . Sou d'or. TB. — Br. 4 p. *Constantin IV*. Br. 2 p. — Ens. 7 p.

277 *Constantin Pogonat, Héraclius et Tibère*. Buste de Constantin IV de face. ℞. Croix entre Héraclius et Tibère XXXV. 14 . Sou d'or. TB. — Br. 3 p. *Tibère V*. Buste de face. ℞. Croix sur un globe XXXVII. 25 . Demi-sou. Or. B. Ensemble 5 p.

278 *Constantin VI et Irène*. Légende. ℞. Croix XLI. 10 . Arg. *Théophile*. Buste de chaque côté XLIII. 9 . Triens. Or. TB. *Théophile, Michel et Constantin VIII*. Buste sur chaque face XLIII. 15 . Sou d'or. B. — Ensemble 3 p.

279 *Michel III, Théodora et Thécla* XLIV 9 . Arg. *Léon VI*. XLV. 13 . Br. *Léon VI et Constantin X* XLVI. 2 . Arg. 2 p. *Romain I, Constantin X, Etienne et Constantin* XLVI. 11 . Arg. — Ens. 5 p.

280 *Constantin X et Romain II*. Buste de face tenant une croix. ℞. Buste du Christ de face XLVI. 18 . Sou d'or. *Nicéphore II Phocas* XLVII 13 . Arg. — Ens. 2 p. TB.

281 *Jean I Zimiscès* XLVII. 19 . Arg. Br. divers. 10 p. *Basile II et Constantin XI* XLVIII. 16 . Arg. — Ens. 12 p.

282 Bustes de face tenant une croix. R̃. Buste du Christ XLVIII.
10 var. . Sou d'or. B.

283 *Constantin XIII*. L'empereur debout. R̃. Le Christ assis L. 1 .
Sou d'or concave. B.

284 *Michel VII Ducas*. Buste de face, tenant un étendard et un globe.
R̃. Buste du Christ. Var. de LI. 4 . Sou d'or concave. — Br.
concave. — Ens. 2 p.

285 *Michel VII et Marie*. Michel et Marie tenant une croix. R̃. Buste
de la Vierge tenant le médaillon du Christ LI. 9 . Sou d'or
épais. TB.

Voyez planche III.

286 *Manuel I Comnène*. L'empereur debout, couronné par une main.
R̃. Buste du Christ LV. 3 var. . Sou d'or. TB.

287 *Andronic II et Andronic III*. LXI. 14 . Arg. *Trébizonde*. Aspres
comménats au type de St-Eugène. Arg. 5 p. — Ens. 6 p. B.

288 Lot de monnaies romaines et byzantines en bronze.

MONNAIES FRANÇAISES

MÉROVINGIENS ET CAROLINGIENS

---

289 **Mérovingiens**. DVCINVZ. Tête diadémée à dr. R̃. + IIDVIXZ ré-
trograde . Croix ancrée. Triens. Or. TB.

Voyez planche III.

290 *Dorestadt*. ΔORESTATI. FIT. Tête diadémée à dr. R̃. MAΔELI-
NVS. M. Croix sur un degré ; dessous, 3 points. Triens. Or. TB.

291 *Imitation franque*. IOAIOI. IOIIIOV. Buste diadémé à g. R̃.
IHIOVIAIOIAIAIOIVIAO. Croix pattée. Triens. Or. TB.

292 **Charlemagne et Grimoald**. GRIMVAL DX. Buste de face. R̃. IOIIS.
CAR. RX. Croix accostée de s-R Gariel XI. 154 . Triens. Or. TB.

293 **Charlemagne**. *Milan*. Denier XII. 178 . Arg. B.

294 **Louis-le-Débonnaire**. HLVDOVVICVS IMP AVG. Buste couronné à dr.
R̃. + METALLVM. Instruments de monnayage XVI. 73 . Denier.
Arg. TB.

Voyez planche III.

295 HLVDOVVICVS. IMP. Croix. R̥. METV. CLVM en 2 lignes XVI. 68 .
Denier. — Deniers au temple. Arg. 3 variétés. — Ens. 4 p. TB.

296 **Charles-le-Chauve**. *Courtisson*. Deniers. 3 p. *Melle*. Deniers. 2 p.
— Obole XXIV. 77 . Arg. — Ens. 6 p. TB.

297 *Nevers*. Denier XXIV. 91 . *Le Mans*. Deniers XXX. 129 3 p. —
Obole XXX. 130 . Arg. — Ens. 4 p. TB.

298 **Louis III**. *Tours*. Denier XXXVIII. 5 TB.

298 *bis* **Charles-le-Gros**. *Bourges*. Deniers XLII. 45. 46, 47 . 3 p. —
Grand denier au temple, ébréché. Arg. — Ens. 4 p. B.

CAPÉTIENS ₁

299 **Louis VII**. *Angoulème*. Denier 18 . **Louis VIII**. Denier parisis 11.
— Denier tournois 3 . Bill. **Louis IX**. Gros tournois 10 . Arg.
2 p. — Ens. 5 p. B.

300 **Philippe III**. *Masse d'or*. PHILIPP : DEI : GRA : FRACHORV : REX. Le
roi assis tenant un sceptre et un lis. R̥. XPC : etc. Croix 3 . Or.
fruste.

301 *Gros tournois* 4 . — *Deniers tournois* 8 . 2 p. — *Obole* de St
Martin. Bill. — Ens. 4 p. B.

302 **Philippe IV**. *Agnel*. + AGN etc. Agneau à g : dessous, PH. REX.
R̥. + XPC : etc. Croix dans un quadrilobe 1 . Or. TB.

Voyez planche III.

303 *Gros tournois* à l'O rond 5 . 3 p. — *Gros tournois* à l'O long
8 2 p. Arg. — Ens. 5 p. TB.

304 **Philippe V**. *Agnel*. Type de l'agnel : sous l'R de PH. REX, un croissant 1 . Or. TB.

Voyez planche III.

305 **Charles IV**. *Royal d'or*. KOL. REX. FRACOR. Le roi debout sous un
dais gothique, R̥. + XPC. etc. Croix dans un quadrilobe 2 .
Or. TB.

306 **Philippe VI**. *Écu d'or*. + PHILIPPVS. DEI. GRA. FRANCORVM. REX. Le
roi assis. R̥. + XPC. Croix 3 . Or. Cette pièce est montée dans
un cercle d'or. B.

307 **Jean-le-Bon**. *Mouton d'or* + AN sic . DEI. etc. Type de l'agnel :
dessous. IOH. REX. R̥. + XPC : etc. Croix 3 . Or. TB.

Les numéros entre parenthèses se rapportent à l'ouvrage d'Hoffmann. *Monnaies royales de France.*

308 *Franc-à-cheval.* IOHANNES : DEI : GRACIA : FRANCORV : REX. Le roi galopant à g. ℞ + XPC. etc. Croix 10 . Or. TB.

309 — La même pièce 10 . Or. TB.

310 *Florin.* + S. IOHANNES. ᴙ. Saint-Jean debout. ℞ + FRANCIA. Fleur de lis 11 . Or. TB.

311 **Charles V.** *Franc à pied.* KAROLVS. DI. GR. FRANCORV. REX. Le roi debout sous un dais. ℞. + XPC. etc. Croix 2 . Or. TB.

312 **Charles VI.** *Ecu d'or.* + KAROLVS : DEI : GRACIA FRANCORVM : REX. Ecu couronné. ℞. + XPC. etc. Croix 1 . Or. TB.

313 *Gros* 11 . — *Florette* 17 . — *Guénar* 22 . 2 p. — *Niquet* 31 . — *Obole* 41 . Bill. — **Henri V.** *Florette* 7 . Bill. — Ens. 7 p. B.

314 **Henri VI.** *Salut.* HENRICVS : DEI : GRA : FRACORV : & : AGLIE : REX. L'Annonciation. ℞. XPC. etc. Croix entre un lis et un léopard 3 . Paris. Or. TB. — *Blanc aux écus* 6 . St-Lô. Bill. TB. — Ens. 2 p.

315 **Charles VII.** *Ecu à la couronne.* KAROLVS : DEI : GRA : FRANCORVM : REX. Ecu entre 2 lis couronnés. ℞. XPC. etc. Croix 6 . Or. TB.

316 **Louis XI.** *Ecu au soleil.* LVDOVICVS : DEI : GRA : FRANCORVM : REX. Ecu. ℞. XPS : etc. Croix 1 . Or. TB.

317 *Gros de roi* 12 . Arg. 2 p. — *Grand blanc à la couronne* 15 . 2 p. — *Grand blanc au soleil* 19 . 3 p. — *Denier tournois* 33 . Bill. — Ens. 8 p. AB. et TB.

318 **Charles VIII.** *Ecu au soleil.* KAROLVS. etc. Ecu. ℞. XPS : etc. Croix 2 . Or. TB.

319 **Louis XII.** *Ecu aux porcs-épics.* + LVDOVICVS : DEI : GRA : FRANCORVM : REX : Ecu tenu par 2 porcs-épics. ℞. + XPS : Croix cantonnée de 2 porcs-épics et 2 L 6 . Or. TB.

320 *Douzain de Bretagne* 28 . — *Dizain à l'L. couronné* 39 . — *Patard* 48 . Bill. — *Naples.* Epreuve du ducat 76 . Arg. moderne. *Milan.* Bisonne 94 . Arg. Ens. 5 p. B.

321 **François I.** *Ecu au soleil* + FRANCISCVS. DEI. GRA. FRANCORVM. REX. Ecu. ℞. + XPS. etc. Croix cantonnée de 2 F et 2 lis 1 . Or. B.

322 — Variété avec FRANCISCVS : D : GRACIA : FRAN : REX. Or. TB.

323 *Teston.* + FRANCISCVS. DEI. GRA. FRACOR. ᴙ. Buste couronné. ℞. + SIT. etc. Champ écartelé de France et Dauphiné. Arg. TB.

324 — + FRANCISCVS : D : GRA : FRANCOR. REX. Buste radié à dr. ℞. + XPO : NOBIS. etc. Ecu dans une rosace 81 . Lyon. Arg. TB.

325 Douzain à la Salamandre 106 . Bill. TB.

326 **Henri II**. *Testons*. 1557 62 et 65 . 2 p. — *Demi-teston*. 1555 34 . Arg. — *Douzain aux H*. 1555 80 . Bill. **François II**. *Teston*. Type de Henri II. 1560. Arg. — Ens. 5 p. B.

327 **Charles IX**. *Testons*. 10 . 3 p. — Autres 12 . 4 p. — Autre 18 . *Demi-testons* 13 et 16 . 2 p. Arg. — *Double sol parisis* 31 . — *Douzain du Dauphiné* 36 . Bill. — Ens. 12 p. B.

328 **Henri III**. *Écu d'or* d'un faux-monnayeur du temps. Métal doré ou bas-or.

329 *Francs*. 1582 20 et 1581 25 . TB. **Charles X**. *Quart d'écu*. 1590 8 . Arg. **Henri IV**. *Quart d'écu*. 1601 13 . Ensemble 4 p.

330 **Louis XIII**. *Demi-louis*. LVD. XIII. D. G. FR. ET. NAV. REX. Tête laurée à dr. 1641. R̃. CHRS. etc. Croix de 8 L couronnés 24 . Or. TB.

331 *Écu*. 1642 6 . Rouen. Or. TB.

332 **Louis XIV**. *Louis*. LVD. XIIII. D. G. FR. ET. NAV. REX. Buste lauré, mèche longue. 1650. R̃. CHRS. etc. Croix de 8 L. 11 . Montpellier. Or. Très beau.

333 *Demi-écu blanc*. 1653 76 . — *Écu aux palmes*. 1693 140 . — Divisions. Arg. 7 p. — Ens. 9 p.

334 **Louis XV**. *Demi-louis*. Buste habillé à g. R̃ : Les deux écus. 1731. Or. TB.

335 *Louis au bandeau*. Tête à g. ceinte d'un bandeau. R̃. Le précédent. 1768 19 . Or. TB.

336 *Double louis*. Tête laurée à g. R̃. Le même. 1772 21 . Or. Très beau.

337 *Demi-écu vertugadin*. **Louis XVI**. *Écu de 6 livres*. 1791 11 . — Le même. 1779. avec contremarques de Berne. — 12 sols. Arg. Ens. 4 p.

338 **Révolution**. *20 francs*. L'ITALIE DÉLIVRÉE A MARENGO. Buste casqué à g. R̃. LIBERTE. EGALITE. ERIDANIA. Dans une couronne : 20 FRANCS. L'AN. 9. Or. TB.

339 **Divers**. *Louis-Napoléon*. 50 stuyvers. *Marie-Louise*. 2 lire. etc. Arg. — Ens. 6 p.

MONNAIES FÉODALES
ET ÉTRANGÈRES

340 **Aquitaine**. *Edouard III*. EDWARD : DEI : GRA : REX : ANGL : DNS : HYB.X.AQVI. Le roi de face dans un navire. R̀. + IHE : AVTEM. etc. Croix dans une rosace. Caron. 241. Noble. Or. TB.

341 **Calais**. *Edouard III*. Gros. *Henri VI*. Gros. **Provence**. *Louis II*. Sol coronat. Arg. — Ens. 3 p. TB.

342 **Flandre**. *Philippe-le-Bon*. PHS : DEI : GRA : DVX : BVRG : COM : FLAND. Lion assis à g. sous un portail. R̀. + SIT : etc. Ecu de Bourgogne sur une croix feuillue. Lion d'or. B.

343 *Charles-le-Téméraire*. KAROLVS : DEI : GRA : CO : FLAND. Ecu sur une croix coupant la légende. R̀. SANCTVS : ANDREAS. St André tenant la croix. Florin. Or. TB.

344 **Brabant**. *Jeanne*. IOHANNA : DEI : GRACIA : BRABATIE : DVX. Cavalier galopant à g. R̀, + XPC. etc. Croix dans un quadrilobe. Franc-à-cheval. Or. Très beau.

345 **Alsace**. *Léopold, Landgrave*. Buste en habit ecclésiastique à dr. R̀. Ecu couronné. Thaler. TB.

346 **Angleterre**. *Edouard III*. EDWARD : DEI GRA : REX ANG. Le roi à mi corps dans un vaisseau. R̀. + DOMINE : IN : FVRORE : TVA : ARGVAS : ME. Croix. Demi-noble. Or. B.

347 *Henri III*. Esterlin. *Edouard I*. Esterlins. Londres et Dublin. 2 p. *Elisabeth*. Shilling. *Georges III*. Banktoken. 5 shillings. *Monnaies divisionnaires diverses*. Arg. 18 p. et Br. 4 p. **Ecosse**. *Jacques I et II*. Arg. 3 p. — Ens. 30 p.

348 **Hollande**. Ducat à l'homme armé. 1649. Or. B.

349 — Même type. 1770. Or. B.

350 — Même type. 1818. Or. TB.

351 *Utrecht*. Florin au St Martin. Or. — *Overyssel*. Gulden. 1764. Arg. — Ens. 2 p.

352 **Autriche**. *Léopold II*. Ducat. 1791. Or.

353 *François I*. Grand écu. 1815. *Monnaies divisionnaires diverses*. Arg. et billon. 6 p. **Tyrol**. *Léopold*. Thaler. 1632. Arg. — Ens. 8 p. TB.

554 **Transylvanie**. *Sigismond Bathori*. Ducat. 1594. Or. B.

555 **Cologne**. *Hermann IV de Hesse*. S' Pierre assis. ℞. Ecu sur une croix. Florin de Bonn. Or. TB.

556 **Ratisbonne**. Ecu aux deux clefs. 1626. *François I*. Vue de la ville. 1754. Thalers. Arg. 2 p. Ens. 3 p. TB.

557 **Salzbourg**. *Paris de Lodron*. 1620. Thaler. TB. **Saxe**. *Bernard II*. Denier. *Maurice*. Groschen. Arg. Ens. 3 p.

558 **Saxe-Altenbourg**. *Jean-Philippe. Frédéric. Jean-Guillaume et Frédéric-Guillaume II*. Buste à dr. 1623. ℞. 3 bustes. Thaler. Arg. TB.

559 **Saxe-Gotha**. *Jean Frédéric II et ses frères*. Buste à dr. ℞. Bustes de Jean-Guillaume et Jean-Frédéric III. Thaler. Arg. TB.

560 **Saxe-Weimar**. *Jean-Guillaume*. Buste armé de trois-quarts à dr. 1568. ℞. Ecu. Thaler. Arg. TB.

561 **Saxe électorale**. *Auguste*. 1562. Thaler. *Christian II, Jean-Georges et Auguste*. Trois bustes. 1595. Thaler. Arg. — Ens. 2 p. TB.

562 La même pièce. 1595. — Demi-thaler. 1594. *Frédéric-Auguste*. 1767. Deux tiers de thaler. Arg. — Ens. 3 p.

563 **Würtemberg**. *Charles-Alexandre*. Buste à dr. ℞. Ecu sur un manteau. 1735. Ducat. Or. TB.

564 **Suisse**. Divisions. Nickel et cuivre. 26 p. **Norvège**. *Oscar II*. 2 Kronor. 1876. Divisions. Arg. 4 p. — Ens. 31 p.

565 **Russie**. *Anne*. Rouble. 1738. *Catherine II*. Roubles. 2 p. — Monnaies divisionnaires diverses. Arg. 24 p. — Ens. 27 p.

566 *Alexandre I*. 1819. 5 Roubles. Or. B.

567 *Nicolas I*. 1835. 3 Roubles. Or. TB.

568 Rouble. 1840. — Rouble de commémoration. 1859. — Divisions. Arg. 6 p. *Finlande*. Divisions. Arg. 3 p. — Ens. 11 p. TB.

569 **Pologne**. *Etienne Bathori*. Ducat de Dantzig. 1584. Or. B. mais troué.

570 **Espagne**. *Califes*. Dinar. Or. — Dirhems. Arg. 2 p. — Quilates carrés. Arg. 2 p. — Ens. 5 p. TB.

571 **Portugal**. *Pierre II*. Moëda de 1000 réis pour le Brésil. 1700. Or. TB.

572 Cruzade de 400 réis. 1690. Arg. *Jean VI*. 10 réis du Brésil. 1820. Cuivre. *Pierre V*. 200 réis. Arg. — Ens. 3 p. TB.

573 **Bénévent**. DN IO IVS PP. Buste diadémé de face, tenant une croix. ℞. VICT VSTO. Croix à pied long entre s—R : au bas, CONOB. Triens. Or. TB.

374 **Brindisi**. *Frédéric II*. CAESAR. AVG. IMP. ROM. Buste couronné à dr.
R. FRIDERICVS. Aigle éployé de face, regardant à dr. Augustale.
Or. TB.

375 **Lucques**. Scudo au S' Martin. 1743. *Elisa et Félix*. Francs. 3 p.
Charles-Louis. 2 francs. **Milan**. Denier au S. Ambroise. Arg.
Ens. 6 p.

376 **Rhodes**. *Elion de Villeneuve*. Gros dit Gigliato. — Aspre. Troué.
Dieudonné de Gozon. Gros. Arg. — Ens. 3 p. B. et TB.

377 **Malte**. *Jean de Lavalette*. Le Grand-Maître à genoux devant le
Christ. Sequins. 2 p. Or. B. et TB.

378 *Alof de Vignacourt*. Même type. Sequin. Or. B.

379 *Emmanuel Pinto*. Ecu à ses armes. R. S' Jean Baptiste. 1763.
Double sequin ou 10 scudi. Or. B.

380 *Emmanuel de Rohan*. Buste à dr. R. Deux écus couronnés. 1778.
Quadruple sequin ou 20 scudi. Or. TB.

381 *Raimond Despuig*. Double scudo. 1738. 2 p. *François Ximénès*.
Double scudo. 1774. — Divisions. 6 p. *Emmanuel de Rohan*.
30 tari 1777. Arg. — Ens. 10 p. B. et TB.

382 — 30 tari. 1789 et 1790. 2 p. *Ferdinand de Hompesch*. 30 tari.
1798. Arg. — Ens. 3 p. TB.

383 **Naples**. *Frédéric III d'Aragon*. Taro. *Alphonse V*. Carlin. Arg.
— Ens. 2 p. B. et TB.

384 *Ferdinand I*. RECORDAT. MISERICORDIAE. S. Buste couronné à dr.
R. FERDINANDVS. D. G. R. SI. IE. V. Ecu couronné. Ducat. Or. TB.

385 *République Napolitaine*. An VII. Scudo de 12 carlins. *Murat*.
1815. 5 lire. *Ferdinand II*. 1857. 120 grana. *François II*. 1859.
120 grana. Arg. — Ens. 4 p. B. et TB.

386 **Papes de Rome**. *Pie VII*. Armes des Chiaramonti. R. S' Pierre
assis. Doppia. Or. TB.

387 *Pie VI*. Bologne. Scudo. **Avignon**. Bulle de l'évêché. Plomb.
Toscane. *Cosme III*. Port de Livourne. 1697. Scudo. Arg.
Ens. 3 p.

388 **Venise**. *Francesco Foscari*. Sequin. *Dominique Contarini*. Sequin.
Or. — Ens. 2 p. TB.

389 *Pierre Grimani*. Sequin. *François Lauredano*. Sequin. Or.
Ens. 2 p. TB.

390 — La même pièce. *Aloyse Mocenigo*. Sequin. Or. — Ens.
2 p. TB.

391 *Paul Renier*. Sequin. Troué. *Louis Manin*. Sequins. 2 p. Or. une
trouée. — Ens. 3 p.

592 **Etats-Unis d'Amérique**. Dollar. 1878. — 50 cents et divisions. Arg. 7 p. — Nickel. 1 p. **Mexique**. *Iturbide*. 1822. Peso. **Pérou**. Pesos. 1872 et 1880. 2 p. Arg. — Ens. 12 p. TB.

593 **Turquie** et **Egypte**. Petite monnaie d'or. — Divers modules. Arg. 14 p. — Ens. 15 p. TB.

594 **Tunisie**. Or. 1 p. — Arg. 2 p. **Chine**. Lingots. 2 p. Arg. — Ens. 5 p. TB.

595 **Perse**. *Nassr ed-Din*. Buste de face. Or. 2 modules. TB.

596 **Extrême Orient**. Grande décoration or et monnaies or bas-titre. Ens. 9 p.

597 *Grande Comore*. Piastre. *Japon*. Yen. *Pays divers*. 17 p. Arg. — Ens. 19 p. TB.

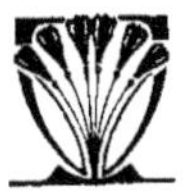

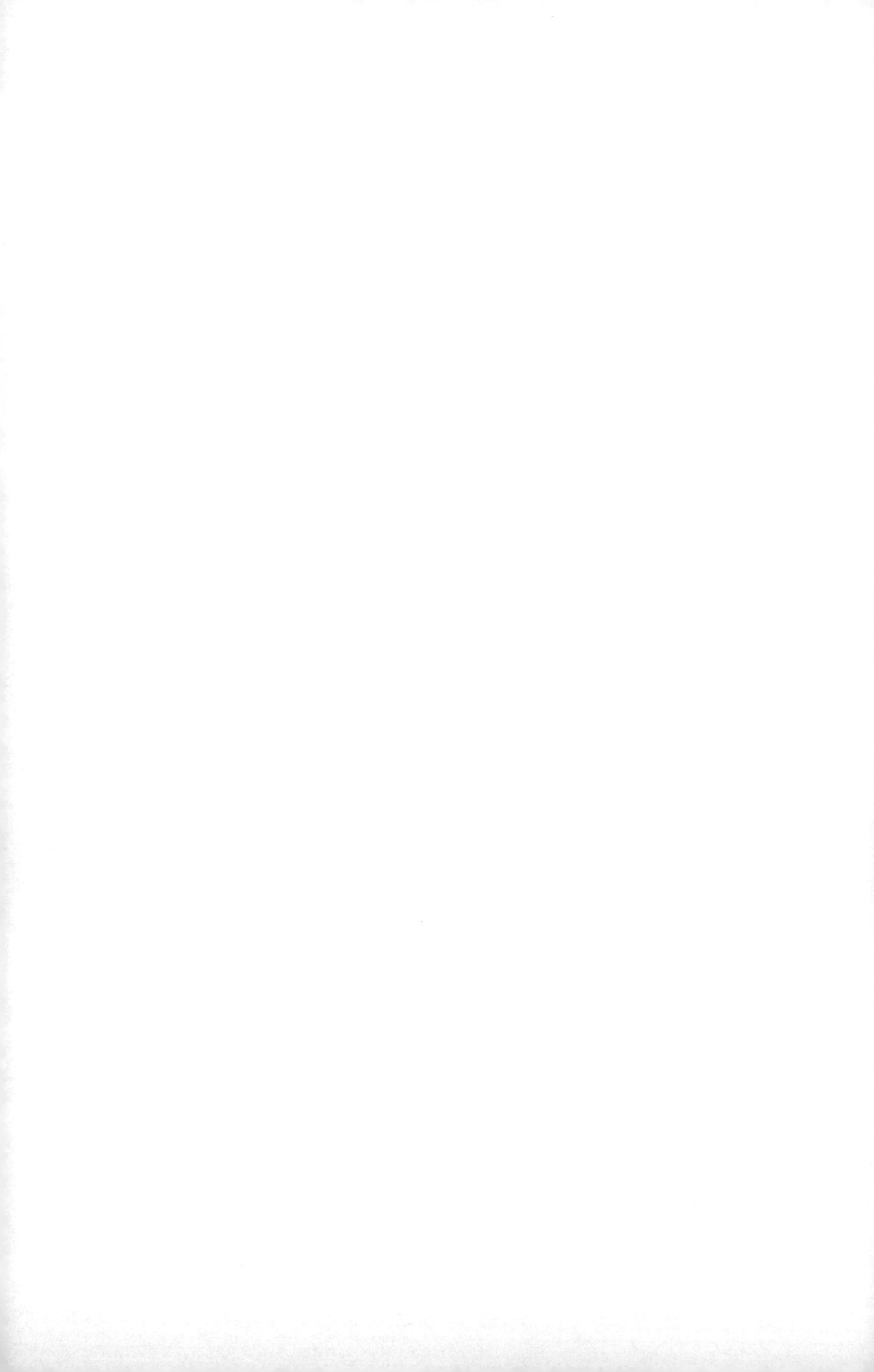

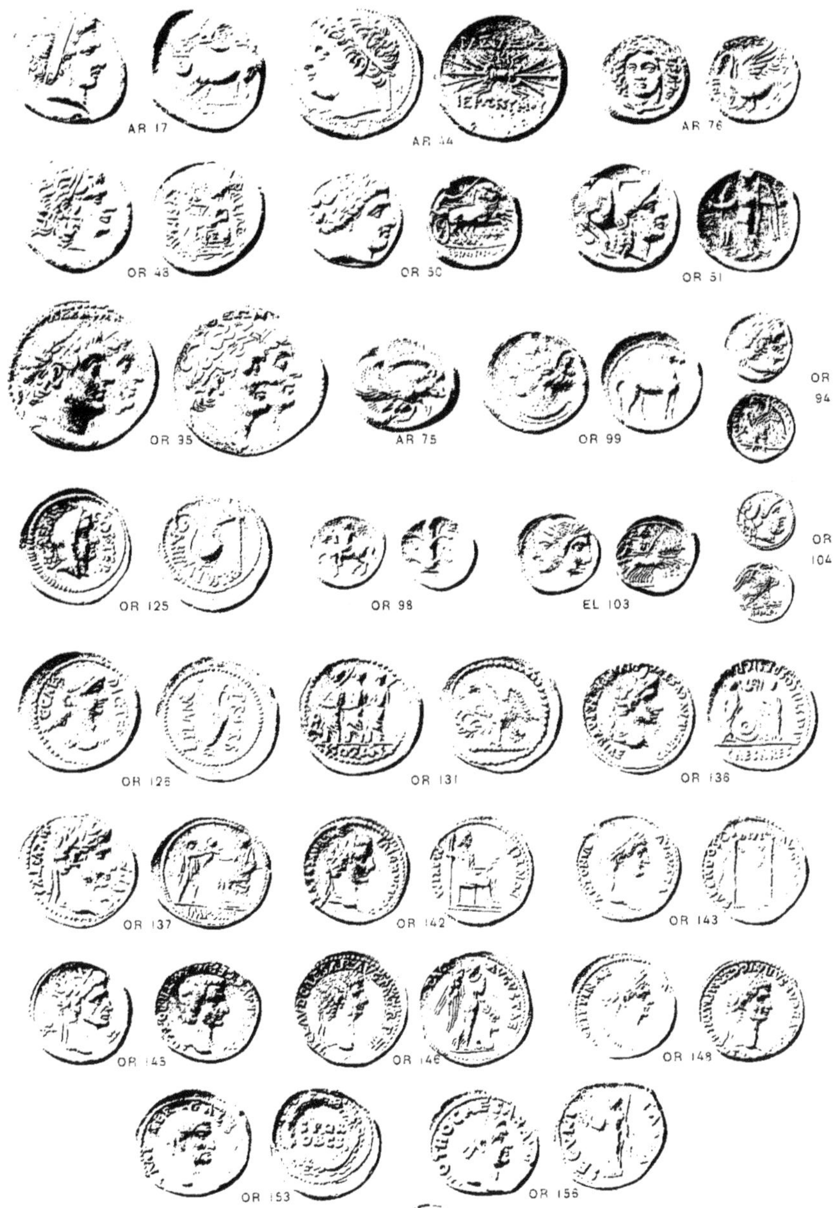

AR 17
AR 44
AR 76
OR 48
OR 50
OR 51
OR 35
AR 75
OR 99
OR 94
OR 125
OR 98
EL 103
OR 104
OR 126
OR 131
OR 136
OR 137
OR 142
OR 143
OR 145
OR 146
OR 148
OR 153
OR 156

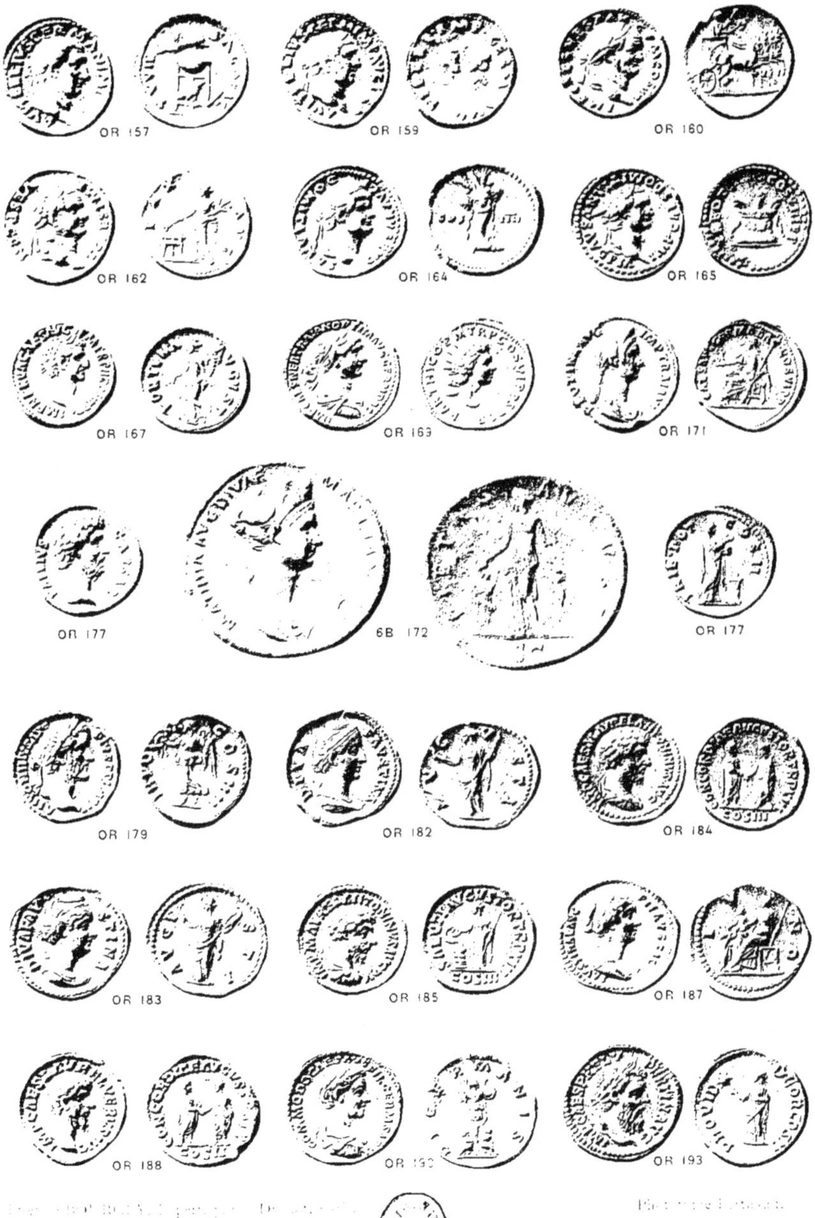

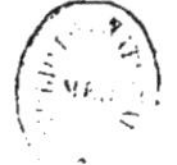

OR 157　　OR 159　　OR 160

OR 162　　OR 164　　OR 165

OR 167　　OR 163　　OR 171

OR 177　　6B 172　　OR 177

OR 179　　OR 182　　OR 184

OR 183　　OR 185　　OR 187

OR 188　　OR 190　　OR 193

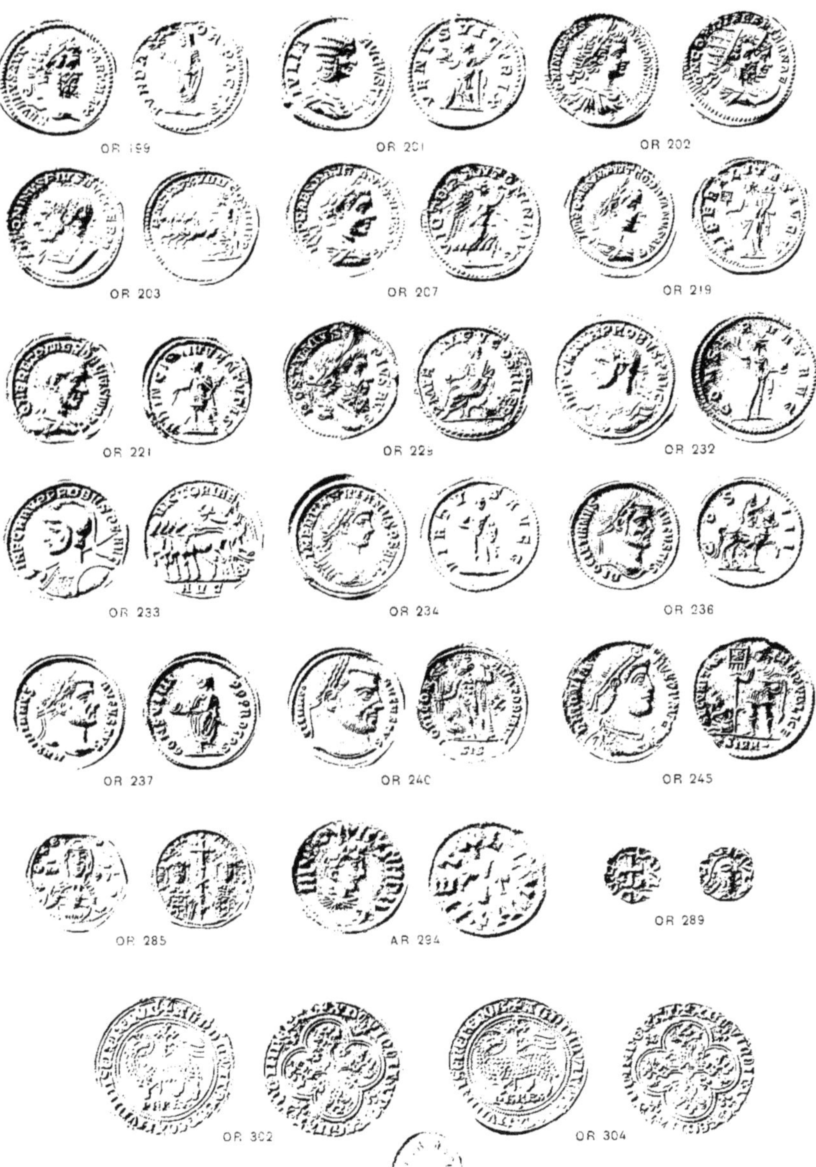

OR 199
OR 201
OR 202
OR 203
OR 207
OR 219
OR 221
OR 229
OR 232
OR 233
OR 234
OR 236
OR 237
OR 240
OR 245
OR 285
AR 294
OR 289
OR 302
OR 304

IMPRIMERIE C. CHAUFOUR
N-10, RUE MILTON, PARIS

9 782329 387741